OKR – Strategieentv
Umsetzung in einem
Umfeld

Einführung in das weltweit erfolgreichste Framework zur Strategieumsetzung im 21. Jahrhundert

Martin J. Leopold

OKR – Strategieentwicklung und Umsetzung in einem agilen Umfeld

Einführung in das weltweit erfolgreichste Framework zur Strategieumsetzung im 21. Jahrhundert

Martin J. Leopold

Impressum

Bibliografische Information der Deutschen Nationalbibliothek:
Die Deutsche Nationalbibliothek verzeichnet diese Publikation in der Deutschen Nationalbibliografie; detaillierte bibliografische Daten sind im Internet über http://dnb.dnb.de abrufbar.

© 2021, Martin J. Leopold

Herstellung und Verlag: BoD – Books on Demand, Norderstedt

ISBN: 978-3-7526-8482-7

Inhalt

Vorwort – Die Vorteile von OKR 7
Herausforderungen einer modernen Welt 11
Agilität – die Antwort auf eine komplexe Welt? 26
    Individuen und Interaktionen mehr als Prozesse und Werkzeuge 27
    Funktionierende Software mehr als umfassende Dokumentation 28
    Zusammenarbeit mit dem Kunden mehr als Vertragsverhandlung
    29
    Reagieren auf Veränderung mehr als das Befolgen eines Plans 30
    Agiles Führungsverständnis 31
Was ist OKR? 34
Der OKR-Rahmenprozess 44
Objective and Key Results 48
    Objectives 48
    Key Results 50
Leitbild und Midterm Goals (MOALS) 52
"The Golden Circle" 55
OKR und das Team 59
Der OKR-Master / -Facilitator / -Coach 63
Events im OKR-Prozess 69
    OKR-Planning 69
    OKR-Weekly 72
    OKR-Review 72

OKR-Retrospektive 73
OKR umsetzen 75
    Die Unternehmenskultur 75
    Das Framework 76
    Das Team 77
    Change-Management 77
Falsche Anwendungen von OKR 79
Literaturliste 83

VORWORT – DIE VORTEILE VON OKR

Unternehmen und Organisationen setzen sich aus ganz unterschiedlichen Gründen mit OKR auseinander. Was für das eine Unternehmen von großer Wichtigkeit ist, kann für das andere eher nebensächlich sein. Dabei ist von entscheidender Bedeutung, zu verstehen, wo OKR einen Beitrag leisten kann und wo es ggf. auch falsch oder nicht zielführend eingesetzt wird.

Das vorliegende Buch soll seine Leser dabei unterstützen, sich einen Eindruck dessen zu verschaffen, was OKRs – also „Objective and Key Results" – eigentlich bedeuten, welche Voraussetzungen und Rahmenbedingungen sie kennen, aus welchen Elementen das Framework besteht, wie OKRs optimal eingesetzt werden können und wo sie ggf. auch nicht zielführend sind.

Der Einsatz von OKR wirkt sich in Bezug auf drei grundlegende Erfolgskomponenten jedes Unternehmens positiv aus:

- OKR wirkt sich positiv auf die Ausrichtung und Umsetzung von Unternehmensstrategien aus.
- OKR wirkt sich positiv auf die Mitarbeiteridentifikation und intrinsische Motivation der Mitarbeiter aus.
- OKR ist eine ideale Herangehensweise, um in einer sich zunehmend verändernden und komplexeren Welt Ziele zu definieren und bei Bedarf erfolgreich anzupassen.

Die Umsetzung von Unternehmensstrategien bedeutet für viele Unternehmen eine Herausforderung, weil sie einerseits nur schwer darauf heruntergebrochen werden kann, was die einzelnen Mitarbeiter und Bereiche tun können, und wenn, dann oft zwar die Individualziele einzeln sehr wohl bekannt sind, eine Synergiebildung von mehreren Mitarbeitern oder gar Bereichen hin auf ein Ziel aber oft kaum gelingt. Ein eigentliches Alignment des / der Teams hin auf ein gemeinsames Unternehmensziel und die entsprechende Nutzung von Synergien, aber auch die regelmäßige Verifikation der Ziele, ihre Erreichung und das Reagieren auf der richtigen Entscheidungsebene sind große Vorteile beim Einsatz von OKRs.

Ein zweiter wichtiger Grund ist die Einbindung der Mitarbeiter. Mit OKRs werden Mitarbeiter von Betroffenen, welche Strategien umzusetzen haben, zu Beteiligten, welche sich in die Umsetzung von Zielen einbringen und in ihrer Zusammenarbeit Ziele erreichen, welche größer als die Summe der Einzelbeiträge der Mitarbeiter sind.

Der dritte wichtige Aspekt ist, dass wir heute zunehmend in einer VUCA-Welt, also einer von Veränderung, Unsicherheit, Komplexität und Ambiguität geprägten Welt leben und arbeiten. Die sich daraus ergebende Komplexität lässt sich nicht mit einer komplexen Struktur kausaler Zusammenhänge zusammenfassen, was dazu führt, dass sich völlig neue

Herangehensweisen in Hinblick auf Strategiefindung und -umsetzung sowie deren Anpassung basierend auf Veränderungen im Äußeren (oder unserer Wahrnehmung davon) ergeben. Dies wird durch den Einsatz von OKR zielführend und erfolgreich selbst bei internationalen Global Playern wie Google erfolgreich eingesetzt.

Das vorliegende Buch ist als Einstieg ins Thema gedacht. Es soll Ihnen schnell einen Überblick über OKR geben und damit die Grundlage bieten, bei Bedarf das Thema weiter zu vertiefen oder sich von einem erfahrenen Beratungsunternehmen mögliche Schritte und Vorzüge eines Einsatzes in Ihrer Organisation oder Ihrem Unternehmen aufzeigen zu lassen.

Ich wünsche Ihnen viele neue Erkenntnisse und eine interessante Lektüre

Der Autor

HERAUSFORDERUNGEN EINER MODERNEN WELT

Viele Unternehmen arbeiten heute noch nach Prinzipien und Vorgehensmodellen aus vergangenen Jahrhunderten und mit Führungs- und Organisationsansätzen aus Kaisers Zeiten. Damit sind in den vergangenen Jahren und Jahrzehnten tausende Firmen in Europa gescheitert.

Firmen befinden sich heute in einer VUKA-Welt. VUKA steht für Volatilität (Schwankung, Veränderung), Unsicherheit, Komplexität und Ambiguität (Mehrdeutigkeit), welche die Welt heutzutage prägen. Schnelle Entwicklungszyklen werden durch ein hohes Maß an Technisierung und Unterstützung durch Automatisierung und Informatik unterstützt. Dabei besteht heute nicht mehr die Notwendigkeit, entsprechende Infrastruktur und Technologie zu beschaffen – was lange Zeit gerade kleinere Unternehmen mit geringeren Finanzkräften bremste – sondern entsprechende Leistungen lassen sich zu attraktiven und nutzungsbasierten Tarifen aus dem

Internet beziehen und sind somit Anbietern und Marktteilnehmern fast weltweit zugänglich.

Diese Herausforderungen mit langen Strategie- und Entwicklungszyklen und Prozessen, die oft eine Dauer von Monaten bis hin zu Jahren brauchen, um durchlaufen zu werden, führen in unserer heutigen Welt quasi unmittelbar zu einer Situation, wo Reaktionsfähigkeit und damit Wettbewerbsfähigkeit in Frage gestellt wird.

In vielen Firmen existiert eine große Verunsicherung, wenn es darum geht, eine Strategie zu entwickeln, welche sich in einer sich so schnell verändernden Welt umsetzen lässt, und oft ist anschließend auch die Umsetzung ins Tagesgeschäft eine große Herausforderung.

Neben den strategischen und taktischen Herausforderungen in der aktuellen Wirtschaftsumgebung wird auch die Kommunikation immer herausfordernder. Dies beginnt mit der Tatsache, dass Lieferanten sich zum Teil in anderen Zeitzonen als ihre Kunden befinden oder Mitarbeiter in Firmen zum Teil global ansässig sind, ggf. andere Mentalitäten und Sprachen kennen, oder auch einfach basierend auf ihrer Ausrichtung, Ausbildung und Fachkompetenz einen unterschiedlichen Sprachgebrauch und/oder andere Wertvorstellungen haben. Wenn wir zusätzlich von Führungsansätzen ausgehen, wo nicht mehr eine Führungsperson Aufträge vergibt und das Team diese umsetzt, sondern selbstorganisierte und selbstverantwortliche Teamstrukturen auftreten, wächst der interne Abstimmungs- und Kommunikationsaufwand in den Teams mit jedem zusätzlichen Beteiligten erheblich.

Eine zentrale Herausforderung in der heutigen Geschäftswelt stellt die zunehmende Komplexität dar. Wenn wir von Komplexität sprechen, so ist es sinnvoll, diese zunächst von Kompliziertheit zu unterscheiden, da beides im Alltag oft synonym verwendet wird, es aber in keiner Weise ist. Zunächst sollten wir aber die zwei anderen Arten von Herausforderungen im Geschäftsalltag ansprechen. Die Unterteilung geht dabei vom Cynefin-Framework[1] von Dave Snowden aus. Die beiden anderen Kategorien von Aufgabenstellungen, einfach (obvious) und chaotisch, können wir für diese Betrachtung aussparen. Einfache Anforderungen brauchen keine weitere Erörterung und chaotische Systeme lassen sich nicht mit strukturierten Vorgehensweisen bearbeiten. Bleiben also komplizierte und komplexe Systeme.

Ein kompliziertes System lässt sich wie folgt beschreiben: *"Die komplizierte Domäne besteht aus den 'bekannten Unbekannten'. Die Beziehung zwischen Ursache und Wirkung erfordert Analyse oder Fachwissen. Es gibt eine Reihe von richtigen Antworten. Das Framework[2] empfiehlt 'Sinn-Analyse-Reaktion': Bewertung der Fakten, Analyse und Anwendung der entsprechenden guten Betriebspraxis. Laut Stewart:*

---

[1] https://en.wikipedia.org/wiki/Cynefin_framework

[2] Cynefin Framework ist gemeint

„Hier ist es möglich, rational auf eine Entscheidung hinzuarbeiten, dies erfordert jedoch ein verfeinertes Urteilsvermögen und Fachwissen. ... Dies ist die Provinz der Ingenieure, Chirurgen, Geheimdienstanalysten, Anwälte und anderer Experten. Künstliche Intelligenz kommt hier gut zurecht: Deep Blue spielt Schach, als wäre es ein kompliziertes Problem, und betrachtet jede mögliche Abfolge von Zügen."[3]

Die entsprechende Definition eines komplexen Systems ist die folgende: *"Die komplexe Domäne repräsentiert die "unbekannten Unbekannten". Ursache und Wirkung können nur im Nachhinein abgeleitet werden, und es gibt keine richtigen Antworten. "Es können lehrreiche Muster entstehen", schreiben Snowden und Boone, "wenn der Leiter Experimente durchführt, die sicher scheitern können." Cynefin nennt diesen Prozess "Probe-Sense-React". Komplexe Versicherungsfälle sind ein Beispiel. "Komplexe Fälle ... brauchen menschliche Underwriter",

---

[3] Definition aus dem genannten Wikipedia-Artikel

schreibt Stewart, "und die Besten tun alle dasselbe: Entsorgen Sie die Datei und verteilen Sie den Inhalt." Stewart identifiziert Schlachtfelder, Märkte, Ökosysteme und Unternehmenskulturen als komplexe Systeme, die für einen reduktionistischen Ansatz, der auseinandergenommen und gesehen wird, wie es funktioniert, undurchlässig sind, da Ihre Handlungen die Situation auf unvorhersehbare Weise verändern."

Beide Arten von Aufgabenstellungen prägen die Zusammenarbeit im wirtschaftlichen Kontext. Produktionsprozesse beispielsweise basieren im Allgemeinen auf einem komplizierten Ablauf von Prozessschritten. Diese sind vorhersehbar und bilden eine Kette oder einen Baum von Ursachen-Wirkungsbeziehungen. Nur so besteht die Möglichkeit einer einfachen Automatisierbarkeit in Form von festen, oft programmierten Produktionsabläufen. Komplexe Prozesse sind dagegen nicht so einfach vorher planbar. Durch eine Vielzahl von Einflüssen, welche zwar alle für sich einer Ursachen-Wirkungs-Kausalität unterliegen, aber in ihrer Summe ein Maß an

Vielschichtigkeit und Komplexität aufweisen, welche es für menschliches Denken nicht mehr auflösbar macht – zumal womöglich gar nicht alle entsprechenden Ursache-Wirkungs-Beziehungen nachvollziehbar oder bekannt sind – ergibt sich, dass wir nach anderen Modellen für deren Verständnis und Bearbeitung suchen müssen.

So lassen sich die beiden Arten von Herausforderungen auch unterschiedlichen Disziplinen und Vorgehensweisen zuordnen. Klassische Managementpraxis fokussiert schwergewichtig komplizierte Themen. Durch umfangreiche Analyse und Planung werden solche Systeme bearbeitet und (scheinbar) beherrscht. Klassisches Projektmanagement ist ein Beispiel für eine solche Herangehensweise. Im komplexen Bereich dagegen ist es sehr schwer, diese Systeme mit herkömmlichen Managementansätzen zu beherrschen. Menschen lernen im Laufe ihres Lebens zwar mit solchen Vorgängen umzugehen, da das Alltagsleben selbst in vielen Fällen durch ein hohes Maß an Komplexität geprägt ist. Geht es aber darum, solche Herangehensweisen beispielsweise einem Computer beizubringen oder in Form von klaren Prozessanweisungen festzulegen, so sehen wir uns erheblichen Schwierigkeiten gegenüber.

Auch in Bezug auf die Wahrnehmung von Arbeit und Leistung unterscheiden sich die beiden Arten von Herausforderungen. Im komplizierten Kontext lässt sich Arbeit als die Summe der Einzelleistungen bemessen und planen. Entstehen Abweichungen, so lassen sich Gründe zumeist einfach verorten und angehen (Fehlerbehebung, Motivation von Mitarbeitern, ggf. Austausch von Ressourcen). Im komplexen Kontext sprechen wir von emergenter Leistung. Das heißt einfach gesagt, dass die im System erbrachte Leistung nicht die Summe der einzelnen Teilleistungen ist, sondern innerhalb der Leistungserbringung der Beteiligten Synergien entstehen, welche zu zusätzlichen Leistungskomponenten wie Innovation und Kreativität führen. Diese Leistungskomponenten entstehen nur durch die Kombination der Beiträge der

Beteiligten und könnten von den einzelnen Beteiligten allein, ohne gegenseitige Beeinflussung, nicht erbracht werden.

Natürlich kann man Themen und Herausforderungen in einer realen Welt nicht so einfach einer Kategorie zuweisen, sondern man kann nur von einer mehrheitlichen Zuordnung sprechen, welche immer auch Raum für Aspekte aus dem jeweils anderen Bereich bietet. Entsprechend ist auch eine Zuordnung von Methoden und Werkzeugen nicht immer vollständig eindeutig. Es lässt sich zwar sagen, dass es Methoden und Werkzeuge gibt, welche sich für mehrheitlich komplexe oder komplizierte Probleme anwenden lassen. Es sollte dabei aber immer beachtet werden, dass eine solche Zuordnung niemals absolut verstanden werden kann.

Wenn wir uns heutzutage in einer immer komplexeren Welt befinden, so ist das in vielen Branchen eine relativ neue Entwicklung, welche besonders Ende des 20. und Anfang des 21. Jahrhunderts zu grundlegenden

Veränderungen geführt hat. Dabei stellen wir fest, dass eine Vielzahl von Organisationen, Branchen, aber auch Lehrmeinungen, wie sie beispielsweise an Hochschulen noch lange vermittelt wurden (und teils sogar noch werden) sich auf die Gegebenheiten einer Zeit gründen, welche heute in den meisten Bereichen der Wirtschaft und des Zusammenlebens so nicht mehr gegeben ist. Reichte es früher, mit Kompliziertheit umzugehen und Prozesse und Zusammenhänge akribisch zu analysieren, um sie automatisieren und beherrschen zu können, so sehen wir uns heute zunehmend in der Situation, dass ein anderes, ganzheitlicheres Denken notwendig ist, um Herausforderungen und Fragestellungen zu lösen. Das macht es notwendig, auch andere Führungs- und Entscheidungsstrukturen zu etablieren und damit auch andere Vorstellungen von Strategien und deren Umsetzung, Bemessung und Bewertung.

Eine große Herausforderung stellt eine Herangehensweise dar, welche sich direkt von unserer (oft überholten) Vorstellung von Strategie ableitet.

Nach wie vor werden viele Mitarbeiter und auch ganze Abteilungen zur Umsetzung von festen, nicht einer VUCA-Welt angepassten Zielen angehalten und daran bemessen. Entsprechend sind oft auch die damit verbundenen Entscheidungswege und -kompetenzen. Eine typische Ausprägung davon ist der klassische Management by Objectives-Ansatz (wobei Peter Drucker diesen ganz anders meinte, als er heute meist gelebt wird), bei dem die Führungskraft in vielen Fällen im Rahmen eines Jahresgesprächs mit ihren Mitarbeitern Ziele für das kommende Jahr vereinbart, welche dann in einer Vielzahl der Fälle auch festgeschrieben, für die Gewährung von irgendwelchen Boni relevant und nicht weiter verändert werden, da sich die Ziele quasi über eine Zielkaskade von den Unternehmenszielen ableiten respektive diese in Summe umsetzen sollen. Mechanismen, um auf äußere Veränderungen reagieren zu können, sind dabei kaum vorgesehen. Damit verbunden ist auch die Mitarbeiterbewertung. Basierend auf fixen Jahreszielen werden Mitarbeiter auch in Bezug auf deren Umsetzung – also der Umsetzung von Zielen, welche im Wesentlichen einem Denkansatz aus einer komplizierten Welt entsprechen – gemessen und honoriert, wohingegen die Kompetenz in der Umsetzung und Bewältigung von Problemen und Aufgabenstellungen aus einer komplexen Welt in Form von agiler Kompetenz und agilen Vorgehensweisen in den meisten Organisationen kaum ein Thema ist. Entsprechend gering ist die entsprechende Umsetzungskompetenz und dadurch in vielen Fällen auch die entsprechende Präsenz von Mitarbeitern, welche diese Fähigkeiten haben oder gar weiter entwickeln könnten. Dies reduziert unmittelbar die Fähigkeit einer Organisation, in einer zunehmend komplexen Welt erfolgreich agieren zu können.

Wenn wir einen Schritt zurück machen, so stellen wir fest, dass schon die Vorstellung einer Machtpyramide, bei der ein Vorgesetzter seine Untergebenen leitet, bewertet und auch diszipliniert vom Denken her einer komplizierten Welt verhaftet ist. Im agilen Kontext wird ein Vorgesetzter – wie beispielsweise im Kontext von Lean Thinking seit Langem erfolgreich praktiziert – weniger als Feldherr gesehen, der von seinem

Feldherrnhügel aus seine Truppen "in die Schlacht" schickt, sondern mehr als Coach (oder „Servant Leader"), der seine Aufgabe darin sieht, eine optimale Arbeit für seine Mitarbeiter zu ermöglichen, indem er die Rahmenbedingungen schafft, den Prozess des Teams bei Bedarf moderiert und dafür sorgt, dass das Team die Möglichkeit, aber auch die Wahrnehmung für die Wichtigkeit einer kontinuierlichen Weiterentwicklung hat.

Damit gekoppelt sind auch die Ansätze von Vergütungsmodellen, wie sie in Organisationen bestehen. Sie leiten sich ebenfalls von einer Macht- und Verantwortungspyramide ab, welche streng genommen dem Denken einer komplizierten Umgebung entspricht. Dabei wird nicht die Realisierung von Wert – insbesondere Wert für den Kunden – maximal honoriert, sondern jene Funktion, die diesen Wert quasi durch die Sicherstellung und Aufrechterhaltung der dafür notwendigen Rahmenbedingungen unterstützt, wird maximal honoriert und entsprechend wird Karriere oft als der

Aufstieg von einer wertschöpfenden Tätigkeit hin zu einer mehrheitlich organisierenden Tätigkeit verstanden. Dies wiederum entspricht einem durch eine Welt der Kompliziertheit geprägten Ansatz. Schon die Vorstellung, dass wir Wertschöpfung basierend auf einzelnen Mitarbeitern und deren Leistung zu messen und zu bewerten / honorieren versuchen, entspricht nicht den Vorstellungen einer komplexen Welt, da in dieser die Wertschöpfung immer durch die Zusammenarbeit in einem Team entsteht. Dabei reicht die Summe der Leistungen der Einzelnen nicht an jene des Teams heran, weil ein fundamentaler Erfolgsfaktor in den Synergien und kreativen Prozessen liegt, welche sich nur aus der Zusammenarbeit ergeben.

Ein weiterer Aspekt ist die Arbeit mit Geld und Werten in einem Unternehmen. Im komplizierten Umfeld ist eine hierarchische Kostenverteilung, die sich über verschiedenste Abteilungen herunterbricht und einem mehr oder weniger fixen Verteilschema folgt, normal. Klassisches Kostenmanagement leitet sich von festen Zielen und Praktiken ab. In einem zunehmend agilen

Umfeld, wo vor allem auf Markt- und Rahmenbedingungen reagiert werden muss und nicht mehr der Große den Kleinen frisst, sondern der Schnelle den Langsamen, sind solche Ansätze oft zu träge und behindernd. Geld muss dafür zur Verfügung stehen, maximale Wertschöpfung und Nutzen umsetzen zu können. Dabei kann eine hierarchische Kostensteuerung nicht zielführend eingesetzt werden und es müssen andere Ansätze und Vorgehensweisen gewählt werden.

AGILITÄT – DIE ANTWORT AUF EINE KOMPLEXE WELT?

Wir leben in einer zunehmend von Komplexität geprägten Welt. Welche Bedeutung und Auswirkung hat dies nun auf unsere tägliche Arbeit?

2001 haben sich genau zu diesem Thema siebzehn Fachleute aus dem Software-Bereich zusammengesetzt und darüber diskutiert und Grundsätze formuliert. Diese haben sie im agilen Manifest festgehalten, welches seither die Basis für das Mindset und die Vorgehensweisen einer Vielzahl von Ansätzen, Frameworks und Methoden bilden. Dabei wurden die Grenzen der Software-Entwicklung längst überschritten und die Grundsätze des agilen Manifests werden schon lange in unterschiedlichsten Kontexten angewendet.

Das Manifest für agile Software-Entwicklung[4], wie das Manifest genau heißt, umfasst vier Kernsätze:

Individuen und Interaktionen mehr als Prozesse und Werkzeuge

In einer komplizierten Welt sind Prozesse und Werkzeuge entscheidend. Wenn wir für jede Tätigkeit das richtige Werkzeug einsetzen und die Prozesse so gestalten, dass sie einfach nachzuvollziehen sind, werden damit erzielbare Erfolge quasi für jeden nachvollziehbar und umsetzbar. In einer komplizierten Welt funktioniert dies nicht. Hier können die besten Lösungen nur aus der Synergie von Menschen unterschiedlichster Kompetenz- und Erfahrungsbereiche erzielt werden. Wir brauchen hier Kreativität und die Fähigkeit, schnell und zielführend auf unvorhersehbare, äußere Einflüsse zu reagieren.

---

[4] https://agilemanifesto.org/iso/de/manifesto.html

Funktionierende Software mehr als umfassende Dokumentation

Um das agile Manifest etwas aus der Software-Ecke herauszuholen, ist es hier mehr als legitim, das Wort „Software" durch Produkte oder Leistungen zu ersetzen. In einer komplizierten Welt ist umfassende Dokumentation von absolut zentraler Bedeutung. Wir sind darauf angewiesen, Prozesse und Anwendungen bis ins Kleinste zu dokumentieren, um die Reproduzierbarkeit und Nachvollziehbarkeit der Prozesse sicherzustellen. Im komplexen Kontext dagegen ist Dokumentation natürlich nicht unwichtig, sie ist aber in viel geringerem Maße wichtig, da wir uns nicht repetitiv mit denselben Herausforderungen konfrontiert sehen, sondern laufend neue auftreten, denen wir uns stellen müssen. Entsprechend ist es viel wichtiger, den Fokus auf das entstehende Produkt oder die entstehende Leistung zu legen und diese permanent zu optimieren und zu realisieren.

Zusammenarbeit mit dem Kunden mehr als Vertragsverhandlung

Im Kontext einer komplizierten Welt haben wir sehr viel Kraft und Aufwand darauf verwendet, Sicherheit zu erzeugen, indem wir alle möglichen Eventualitäten in Form von Verträgen und Vereinbarungen vorwegnahmen und gemeinsam Folgen und Maßnahmen abstimmten. In einer von Komplexität geprägten Welt wird dies nicht mehr möglich sein, da es eine unplanbare Anzahl von Einflussfaktoren und Entwicklungen gibt, welche nicht mehr alle plan- oder vorhersehbar sind. Entsprechend können dafür auch keine Maßnahmen oder Absicherungen vorausgeplant werden. Vielmehr ist es von ausschlaggebender Bedeutung, dass wir eine Form der Zusammenarbeit mit unseren Stakeholdern etablieren, für die eine für alle Teile zielführende und zufriedenstellende Zusammenarbeit selbstverständlich ist.

Reagieren auf Veränderung mehr als das Befolgen eines Plans

In einer komplexen Welt sind wir mit deutlich mehr Veränderungen konfrontiert als in einer komplizierten Welt. Nicht alle Aspekte sind planbar. Statt erheblichen Aufwand in langfristige Planung zu investieren, ist eine grobe langfristige Planung in Hinblick auf ein gemeinsames Ziel – kombiniert mit einer reaktiven, kurzfristigen Planung und deren Anpassung an Veränderungen – die Vorgehensweise der Wahl.

Das agile Manifest sagt ausdrücklich, dass es sich hier nicht um ein "Entweder / oder", sondern um ein "Sowohl als auch" handelt, wobei nur der Fokus auf dem ersten Teil der Aussage liegt, die bisherigen, komplizierten Herangehensweisen aber in keinem Fall völlig verzichtbar wären.

Wenn wir uns über die Umsetzung von Agilität Gedanken machen, so ist von entscheidender

Bedeutung, dass es dabei nicht darum geht, irgendwelche agilen Techniken oder Methoden einzusetzen, sondern es geht um einen Shift im Mindset der beteiligten Personen und Organisationen. Wenn dies ausbleibt, bleiben wir beim "Agilen Theater" stecken, indem wir so tun, als wären wir agil, dabei aber weder wirklich agil sind noch den damit verbundenen und erhofften Nutzen realisieren können. In vielen Fällen führt das reine "Nachäffen" agiler Vorgehensweisen ohne entsprechende Unternehmenskultur und Zusammenarbeit eher zu einer Nutzenreduktion als zum Gegenteil.

Agiles Führungsverständnis

Wenn wir über Führung in einem agilen Kontext sprechen, so befinden wir uns in einem Spannungsfeld von Alignment und Autonomie. Alignment steht für eine gemeinsame Ausrichtung. Sie sorgt dafür, dass nicht alle in eine eigene Richtung rennen, um eine Anforderung umzusetzen oder ein Ziel zu erreichen. Ein hohes Maß an Alignment geht dabei fast zwangsweise

WAS IST OKR?

Bereits Peter Drucker beschrieb in seinen Schriften die Wichtigkeit einer Führung über Visionen, um damit Begeisterung und Identifikation der Mitarbeiter zu schaffen. Damals, als er dies propagierte, waren viele Organisationen noch sehr stark im Kontext von komplizierten Herausforderungen aktiv und entsprechend waren die Erkenntnisse für viele Führungspersonen aber auch Organisationen noch wenig umsetzbar. Entsprechend wurde die Methode von Peter Drucker[5], Management by Objectives (MbO), auch komplett in diesem Kontext wahrgenommen und umgesetzt, was nicht der ursprünglichen Zielsetzung des Autors entsprach. Dabei wurden Unternehmensziele festgelegt und diese quasi in einer Zielpyramide top-down angesetzt und dann über Abteilungen und Bereiche heruntergebrochen und auf die einzelnen Mitarbeiter verteilt. Was dabei komplett fehlte, war der Einbezug der Mitarbeiter in den Entwicklungsprozess, womit das eigentliche Ziel der

---

[5] https://de.wikipedia.org/wiki/Peter_Drucker

Begeisterung und Identifikation der Mitarbeiter zugunsten einer abstrakten Verteillogik von nicht verstandenen oder mitgetragenen Zielen geopfert wurde. Dabei kam es zu einer reinen Top-down-Verteilung, bei der eine Führungskraft die in ihrem Bereich vergebenen Ziele an ihre Untergebenen weiterleitete. Ein Austausch zwischen Mitarbeitern und Organisationeinheiten fand nicht statt, was schlussendlich zu einer Verfestigung von Silodenken führte, bei dem jedes Silo und jeder Mitarbeiter im Silo immer nur auf die Erreichung seiner Ziele ausgerichtet war, nicht aber auf das Gesamtziel der Unternehmung, welches logischerweise auch "siloübergreifend" definiert war. Dies führte zu vielerlei Unsinn, der in manchen Unternehmen bis heute spürbar ist.

OKR setzt historisch gesehen auf den Erkenntnissen Druckers auf, wurde aber im Verlauf vieler Jahre stetig weiterentwickelt. Ein wichtiger Meilenstein ergab sich im Konkurrenzkampf von Intel und Motorola in den 1970er-Jahren, als es Intel nur gelang, sich im Markt zu behaupten, weil sie eine frühe Form von OKR einführten. Grundüberzeugung war dabei, dass es nur dann gelingen konnte, in diesem Markt zu überleben und den Mitbewerber zu überflügeln, wenn es gelingen würde, einen Ansatz zu entwickeln, der es erlaubte, alle Mitarbeiter der Organisation auf ein gemeinsames Ziel hin auszurichten. Der äußere Druckfaktor war dabei enorm. Motorola war in dem Moment dabei, Intel aus dem Markt zu verdrängen.

Andy Grove[6] – den man allgemein auch als den "Vater von OKR" betrachtet – der zu dieser Zeit CEO von Intel war, erkannte, dass Peter Drucker in seinen Arbeiten schon ganz vieles zugrunde gelegt hatte, was er benutzen konnte. Er veränderte aber einige Ansätze aus dem MbO von Drucker in einer Weise, dass es für die aktuelle Herausforderung besser nutzbar war. Wichtige Anpassungen waren unter anderem der Einsatz kürzerer Zyklen oder von mehr Bottom-up-Anteilen. Andy Grove war es, der das Ganze schließlich "Objectives and Key Results" (OKR) nannte. OKR gilt

---

[6] https://de.wikipedia.org/wiki/Andrew_Grove

heute als ein wesentlicher Faktor für den Erfolg von Intel. Ein wichtiger Exponent für die Verbreitung des Ansatzes war John Doerr, der diesen Ansatz als Praktikant bei Intel kennenlernte und das erworbene Wissen später als Berater nutzte und im Rahmen eines seiner Vorträge über OKR auch Larry Page und Sergey Brin kennenlernte, welche damals an einer Idee zur Gründung einer Firma feilten, welche später als "Google" weltweit bekannt wurde.

Durch diesen Kontakt kam es dazu, dass Google von „Stunde null" an damit begann, OKR zu nutzen und seine Entwicklung mit OKRs zu steuern. Obwohl Google selbst den Einsatz dieser Methode nicht prominent darstellte, hat sich der Ansatz doch in den folgenden Jahren in den USA weit verbreitet. Darüber hinaus war dieser Ansatz aber lange Zeit eher unbekannt – bis 2013. Damals hielt Rick Klau von Google Ventures einen vielbeachteten Vortrag[7], welcher darstellte, wie Google mit Zielen umging. Der Vortrag ist heute noch auf

---

[7] https://youtu.be/mJB83EZtAjc

Youtube unter dem (aktuellen) Titel "Startup Lab Workshop: How Google sets goals: OKRs" verfügbar. Dieses Video machte OKR auch weit über die amerikanischen Grenzen hinweg zum Thema. Dabei ist es wichtig zu verstehen, dass das OKR so, wie es bei Google eingesetzt wird, nicht eine Blaupause darstellt, welche jedem Unternehmen übergestülpt werden kann. Vielmehr ist jedes Unternehmen eine einzigartige Organisation in einem individuellen Marktumfeld mit unterschiedlichen Beteiligten innerhalb und außerhalb. Entsprechend ist OKR so, wie er es darstellt, auch gemäß Rick Klau nur als Inspiration für den Aufbau einer eigenen OKR-Initiative zu verstehen, die sich aber an den eigenen Gegebenheiten und Anforderungen ausrichten muss. Leider versuchen viele Unternehmen OKR erfolgreich zu nutzen, indem sie entweder den Ansatz so einführen, wie er für Google beschrieben wurde, oder indem sie sich einzelne Aspekte herausgreifen. In beiden Fällen wird dies nicht zielführend sein, weil es die Zusammenhänge des Ansatzes und den Bezug zur eigenen Herausforderung nicht wirklich widerspiegelt und dadurch auch keinen passenden Nutzen erzielen kann, sondern im

Zweifelsfall tendenziell mehr Schaden als Nutzen anrichtet.

Was genau ist nun aber unter OKR zu verstehen?

OKR ist ein agiles Framework. Das heißt ein Rahmenwerk, welches auf die Bedürfnisse einer mehrheitlich von Komplexität geprägten Welt ausgerichtet ist. Dies umfasst auch die Elemente, welche agile Frameworks so zentral beeinflussen wie die Umsetzung eines Prozesses zur kontinuierlichen Verbesserung, der wiederum von einem kritischen Denken getragen wird, welches sich nicht scheut, Dinge zu hinterfragen und deren Wirksamkeit zu prüfen. Als agiles Framework basiert es auf einem Team oder Teams, welche sich auch als solche wahrnehmen und deren Mindset und Rahmenbedingungen darauf ausgerichtet sind, eine effektivere und motiviertere Zusammenarbeit und Identifikation mit den gemeinsamen Zielen zu ermöglichen.

OKR ist als Begriff aus den Worten "Objectives" und "Key Results" zusammengesetzt. Was ist unter Objectives zu verstehen? Es geht dabei um die Antwort auf die Frage "Was will ich erreichen / was ist unser Ziel"? Man spricht in diesem Zusammenhang auch von "qualitativen Zielen". Die Key Results dagegen fokussieren eher auf den Weg dahin, also auf die einzelnen Schritte oder Zwischenziele, welche es zu machen gilt, um die Ziele zu erreichen. Man könnte damit quasi sagen, dass diese Key Results darstellen, welche Einzelziele erreicht werden müssen, um das Gesamtziel zu erreichen. Wir sprechen in dem Zusammenhang auch von quantitativen Zielen. Grundsätzlich kann es in einem Unternehmen viele Objectives und Key Results geben.

Dabei ist der Zusammenhang von Objective und Key Results so zu verstehen, dass für ein Objective so viele Key Results definiert werden, dass beim Erreichen aller Key Results das Erreichen des Objectives sichergestellt ist. Der Umkehrschluss stimmt dabei allerdings nicht. Es ist durchaus denkbar (und auch oft der Fall), dass ein

Objective erreicht wird, selbst wenn nicht alle Key Results vollumfänglich erreicht wurden.

OKR verfügt wie alle Frameworks auch über eine Reihe von **Prinzipien**:

- **Kurze Iterationen:** Kurze Iterationen sind sehr wichtig, weil sie uns ermöglichen, Veränderungen und neue Erfahrungen schnell zu teilen und darauf zu reagieren.
- **Aligned Autonomy:** Eine Autonomie zum Treffen eigener Entscheidungen im Hinblick auf ein gemeinsames Ziel.
- **Bottom-up-Ziele:** Das sind Ziele, die von den Mitarbeitern selbst stammen und von diesen vertreten werden; nur so können wir sicherstellen, dass wir das Wissen und die Erfahrung unserer Mitarbeiter optimal einsetzen können.
- **Transparenz:** Die gemeinsamen Ziele müssen in der ganzen Organisation und bei allen Mitarbeitern transparent und verstanden sein.

Damit setzen wir auch eine Grundlage dafür, dass Mitarbeiter auch initiativ bestehende Maßnahmen unterstützen und Synergien schaffen können.

- **Lebenslanges Lernen:** Das Unternehmen wie auch seine Mitarbeiter sind ein Leben lang Teil einer Weiterentwicklung, was dazu führt, dass sie auch entsprechende Maßnahmen und Ziele setzen und daran arbeiten.

Neben diesen Prinzipien wird OKR auch von einem **Rahmenprozess**, der OKR umfasst und steuert, bestimmt. Dieser umfasst Events, die Rolle des OKR-Masters / -Facilitators / -Coaches (verschiedene Autoren benennen die Rolle teilweise anders), eine OKR-Liste mit den vereinbarten OKRs, eine Vision (eine Idee, was wir gemeinsam erreichen wollen) und wir haben die Agilität als Grundphilosophie, welche die Vorgehensweise trägt. Das Ganze wird von den Werten von OKR getragen. Diese sind Commitment, Mut, Offenheit, Respekt und Fokus und stimmen mit jenen von Scrum überein.

Viele Firmen unterliegen der falschen Annahme, dass OKR eine Art von Werkzeug ist, das bei Bedarf ausgepackt und eingesetzt und dann wieder weggestellt wird, wenn man es gebraucht hat. OKR ist vielmehr eine Unternehmensphilosophie, welche sich auf die Art der Zusammenarbeit, der Führung aber auch auf die Art, wie Ziele vereinbart und verfolgt werden, auswirkt. Damit greift es zutiefst in die Weiterentwicklung einer Organisation oder Struktur ein.

fortgeschritten ist. Es gilt dabei die erzielten Resultate zu betrachten und zu analysieren, ob diese geeignet sind, die Ziele aus der OKR-Liste zu erreichen, oder ob Anpassungen notwendig sind.

- OKR-Reviews: Am Ende des Zyklus, also typischerweise nach 3–4 Monaten, werden die gesteckten Ziele und die erreichte Situation betrachtet und miteinander verglichen. Dabei wird Ziel um Ziel verglichen und festgestellt, was erreicht wurde und was nicht und welche Auswirkungen dies hat. Die Bewertung nimmt die Gruppe selbst vor und extrahiert daraus auch Ideen für einen Verbesserungsprozess.
- OKR-Retrospektiven: In der Retrospektive verlagert sich der Fokus von den Zielen auf den Prozess und das Team als solches. Gemeinsam wird betrachtet, was gepasst hat und was es zu verbessern gibt.

Ist der Zyklus durchlaufen, geht er wieder von vorne los. Alle genannten Events werden von der Rolle des OKR-Masters (Facilitators / Coaches) moderiert. Daneben ist es notwendig, auch eine Rückkoppelungsschleife zu den Midterm Goals und zur Vision zu besitzen, um Erkenntnisse aus dem OKR-Prozess bei Bedarf berücksichtigen zu können.

OBJECTIVE AND KEY RESULTS

Objectives

Die Vorstellung, dass es genau ein richtiges Objective für eine bestimmte Firma oder Situation gibt, ist in einer komplizierten Welt nicht sinnvoll. Da Objectives immer von einem Kontext und Rahmenbedingungen innerhalb wie auch außerhalb einer Organisation abhängen und diese sich laufend verändern (können), muss dieser Tatsache auch bei der Erstellung und dem Umgang mit Objectives Rechnung getragen werden.

Kriterien für die Erstellung von guten Objectives sind:

- **Qualitativ und übergeordnet:** Das Objective stellt quasi den generischen Teil des OKR dar. Dabei geht es nicht um ein messbares Ziel, sondern eher um eine Grundaussage oder Grundausrichtung. Entsprechend sollte ein Objective nicht irgendwelche Zahlen enthalten. Es soll unser Ziel qualitativ beschreiben und

damit die Motivation der Beteiligten unterstützen. Dabei sollte es so formuliert werden, dass es für die weitere Arbeit genug Freiraum für die Ausformulierung und Bestimmung der Einzelfaktoren lässt.
- **Umsetzbar:** Objectives, welche nicht innerhalb des zur Verfügung stehenden Zeitraums konkret umsetzbar sind, sollten vermieden und ggf. durch Formulierungen von Teilaspekten ersetzt werden.
- **Ausgewogen:** Das Objective soll sowohl inspirierend bzw. herausfordernd als auch erreichbar sein.
- **Abgeleitet aus dem Unternehmensleitbild:** Die OKRs müssen mit den Zielen des Unternehmens und seiner Strategie abgestimmt sein. Sich widersprechenden Ziele sind nicht umsetzbar.
- **Verständlich:** Objectives sollen so formuliert sein, dass sie der Kommunikation dienen. Dazu sollten sie in einer Sprache formuliert sein, welche für alle Beteiligten – auch für diejenigen, die nicht an der Entstehung der Objectives beteiligt waren – nachvollziehbar ist.

Key Results

Key Results stellen die Konkretisierungsebene dar. Sie beschreiben, was umzusetzen ist, um die Objectives zu erreichen. Hier gehen wir also von konkreten, messbaren Aussagen aus, welche es uns erlauben, festzustellen, ob wir diese bereits realisiert haben oder eben noch Maßnahmen zu treffen haben, um dies zu tun. Sie sind sehr kontextabhängig. Kriterien für gute Key Results sind, abgeleitet vom SMART-Pattern:

- **Spezifisch:** Es muss klar erkennbar sein, was das KR umfasst, was sich durch seine Realisierung verändert.
- **Messbar:** Wir brauchen klare, messbare Kriterien, welche uns auch erlauben, das Maß der Zielerreichung klar zu quantifizieren.
- **Akzeptiert:** Die Ziele müssen von den Beteiligten akzeptiert und getragen werden.
- **Realistisch:** Ziele, die keine Herausforderungen darstellen, führen nicht zu Entwicklung und

Einsatz, während Ziele, die von vornherein nicht erreichbar sind, genauso demotivierend wirken.
- **Terminiert:** Es wird festgehalten, zu welchem Zeitpunkt ein Resultat erreicht sein muss. Dieses sollte sich innerhalb des OKR-Zyklus befinden, um aussagekräftig und innerhalb des Zyklus messbar zu bleiben.
- **Vom Objective abgeleitet:** Key Results stehen nicht für sich, sondern sind immer Schritte auf dem Weg zum Objective.

Ein Fehler, der immer wieder vorkommt, ist, dass bei der Definition von Key Results KPIs umgesetzt werden. Diese Vermischung unterschiedlicher Ansätze führt oft zu Irritationen. Genauso sollte vermieden werden, einzelne Arbeitspakete oder Aufgaben als Key Results darzustellen. Mit Key Results bewegen wir uns auf der Ebene der Ziele, nicht der konkreten Umsetzung. Diese Umsetzung muss während des Zyklus, basierend auf den Key Results, erst erarbeitet werden und anschließend erfolgen.

LEITBILD UND MIDTERM GOALS (MOALS[8])

Leitbild und Midterm Goals stellen sozusagen den strategisch ausgerichteten Teil von OKR dar. Hier sprechen wir von einer Vision und ihrer ersten Konkretisierungsebene. Um beides zu verstehen, ist es sinnvoll, einen Schritt zurückzugehen zu etwas, was auch als Leitbild-Pyramide bekannt ist, und diese Pyramide genauer zu betrachten. Sie besteht aus

- **Werten:** Die Grundwerte eines Unternehmens gelten i. Allg., solange das Unternehmen besteht. Sie bilden das Fundament der Pyramide. Sie besagen, was das Unternehmen ausmacht und was sozusagen die Handlungs- und Entscheidungsgrundlage darstellt.
- **Leitbild / Vision:** Stellt die strategische Ausrichtung des Unternehmens für die nächsten (i. Allg. 3-10) Jahre dar.

---

[8] MOALS stammt als Begriff nach meinem Wissen vom Beratungsunternehmen "die.agilen" und ihren beiden OKR-Experten Patrick Lobacher und Christian Jacob.

- **Midterm Goals (MOALS):** Hier werden die strategischen Zielsetzungen für einen Zeitrahmen von einem Jahr festgelegt. Sie bilden das Bindeglied zwischen Vision und OKR.
- **OKR:** Die Objective and Key Results stellen die Planungsebene für einen Zeitraum von 3–4 Monate dar und leiten sich aus den MOALS ab.
- **Projekte / Initiativen:** Die Konkretisierung der OKRs für die Umsetzung. Sie sind nicht Teil von OKR, sondern werden i. Allg. mit agilen Methoden und Frameworks angegangen.
- **Tasks / Arbeitspakete / ToDos:** Sie leiten sich aus den Projekten und Initiativen ab und stellen sozusagen die kleinste Planungsebene dar. Auch sie sind nicht Teil der OKR-Methodik.

Den MOALS kommt im Rahmen des OKR-Frameworks eine besondere Bedeutung zu. Während die Werte das Fundament liefern, innerhalb derer das Framework eingesetzt wird, und das Leitbild eine sehr lange Lebensdauer hat – was nicht davon abhalten sollte, es laufend zu überprüfen und bei Bedarf auch anzupassen – bewegen sich die MOALS auf einer Ebene, welche wir oft nutzen. Sei es, um diese MOALS jährlich zu erstellen oder sie jeweils insbesondere am Ende von OKR-Zyklen zu verifizieren und bei Bedarf anzupassen, und natürlich, um im Rahmen der OKR-Planung aus ihnen neue OKRs abzuleiten.

Ein wichtiges Anliegen der MOALS ist es, die Forderungen der Vision bzw. des Leitbildes zu konkretisieren und umsetzbar zu machen. Ihre Laufzeit soll auf ein Jahr ausgerichtet sein. Es geht also um das, was wir in den kommenden drei bis vier OKR-Zyklen umsetzen wollen – und was darin realistischerweise umgesetzt werden kann. Dabei ist zu beachten, dass diese MOALS nicht "in Stein gemeißelt" sind, sondern sich basierend auf den sich ergebenden Anforderungen jederzeit auch anpassen können.

MOALS bilden das Bindeglied zwischen dem Leitbild und den OKRs. Sie sind mehr qualitativer als quantitativer Natur und sollen inspirieren und dazu beitragen, die Beteiligten dabei zu unterstützen, ihren eigenen Beitrag zur Umsetzung zu verstehen und entsprechend aktiv zu werden.

"THE GOLDEN CIRCLE"

In seinem Buch "Frag immer erst: warum: Wie Top-Firmen und Führungskräfte zum Erfolg inspirieren[9]" beschrieb Simon Sinek einen Ansatz, den er "The Golden Circle" nannte und der spätestens seit einem TED-Talk [10] weltberühmt ist. Er sprach dabei von einem Modell, das darstellt, auf welche Fragestellungen sich Unternehmen fokussieren, wenn sie neue Produkte oder Leistungen entwickeln und diese ihren Kunden gegenüber darstellen.

Der Golden Circle besteht aus drei Ebenen, die (wie es der Name schon sagt) als drei konzentrische Kreise dargestellt werden:

---

[9] Originaltitel: "Start with Why: How Great Leaders Inspire Everyone to Take Action"

[10] https://youtu.be/qp0HIF3SfI4

- What (Was) – der äußere Kreis: Hier geht es darum, was getan wird. Welche Produkte oder Leistungen hergestellt werden.
- How (Wie) – der mittlere Kreis: Wie sind unsere Produkte, welche Eigenschaften und Alleinstellungsmerkmale weisen sie auf?
- Why (Warum) – der innere Kreis: Die Motivation – warum tun wir, was wir tun? Was macht uns aus? Was ist unsere DNA?

Während sich viele Firmen intensiv um das Was und das Wie kümmern, findet eine Diskussion um das "Why" kaum statt. Firmen scheinen scheinbar immer das neueste, größte Produkt zu liefern, um am Markt Erfolg zu haben. Damit bewegen wir uns aber meist in einem Markt, der von Konkurrenz geprägt ist und wo die Diversifikation zwischen Marktteilnehmern im Wesentlichen auf wenigen, geringfügig voneinander abweichenden Merkmalen basiert. Firmen, welche sich auf das "Why" fokussieren, sprechen uns in einer anderen Weise an und treffen andere Entscheidungen. Sie wecken in uns Leidenschaft, machen uns zu Fans und nicht nur zu (Zufalls-) Kunden. Sinek beschreibt in seinem Buch, dass es immer die Motivation ist, welche Menschen zum Handeln, beispielsweise zum Kauf eines Produktes oder einer Leistung motiviert. Aus diesem Grund ist es von so großer Bedeutung, das "WHY" ins Zentrum zu stellen und alle Betrachtungen bei ihm zu beginnen.

Wenn wir das Ganze nun auf das OKR übertragen, so lassen sich die Vision und die MOALS im Bereich des "Why" verorten. Hier fragen wir uns, warum wir die Dinge, die wir tun, umsetzen. Diese Ebene liegt direkt auf den Werten des Unternehmens, wie wir im vorangegangenen Kapitel gesehen haben. Die äußeren beiden Ebenen wechseln wir in unserem Zusammenhang aus. Die mittlere machen wir zu "What" und die äußere zu "How". In der mittleren Ebene stehen die Objectives, welche sich von der Vision und den MOALS ableiten und in der äußeren die Key Results, welche beschreiben, was erfüllt sein muss, damit diese Objectives realisiert werden. Nur wenn wir verstanden haben, dass hinter Key Results and Objectives stets ein attraktives und aussagekräftiges

"Why" stehen muss, können wir die OKR-Methode wirklich zielführend anwenden. Es ist anzumerken, dass dieses "Why" nicht ein künstliches Produkt ist, sondern den Werten und Denkweisen des Unternehmens und seiner Führung entsprechen muss. Ist dies nicht der Fall, werden die entsprechenden Aussagen auch nicht tragen, eher abschrecken und als Lüge wahrgenommen werden und nicht als verbindendes und motivierendes Element zum Erreichen gemeinsamer Ziele.

OKR UND DAS TEAM

Wenn man mit manchen Vorgesetzten redet, so staunt man ziemlich. Manche beschreiben die Mehrzahl ihrer Mitarbeiter als Menschen, die eine starke Führung brauchen. Sie gehen davon aus, dass ihre Mitarbeiter tendenziell eher wenig leistungsbereit sind, und wenn man darauf verzichten würde, ihnen klare Anweisungen zu geben und diese auch regelmäßig zu kontrollieren – und bei Nichterfüllung auch zu sanktionieren und bei Zielerreichung zu belohnen – würden sie wohl den ganzen Tag nur faul herumsitzen oder irgendwelche nicht produktiven Arbeiten machen. Tatsächlich ist es genau das, was diese Vorgesetzten in ihrem Unternehmen / ihrem Team auch so wahrnehmen.

Andere Vorgesetzte beschreiben ihre Teams vollkommen anders. Sie schwärmen von Mitarbeitern, welche eine hohe intrinsische Motivation aufweisen, sich mit ihrer Tätigkeit identifizieren und kreativ eigene Verbesserungsvorschläge einbringen und umsetzen und damit einen wichtigen Anteil zur Entwicklung des Unternehmens leisten.

Ist nun der eine Vorgesetzte einfach vom Pech verfolgt, laufend die "Nieten" aus der Arbeitsmarktlotterie zu ziehen, wohingegen der andere permanent zu den Hauptgewinnern gehört? Wenn man sich die Aussagen der betreffenden Personen anhört, könnte man es zumindest vermuten. Natürlich wäre es auch denkbar, dass die Situation mit dem Führungsverhalten und Menschenbild der beteiligten Vorgesetzten zu tun haben könnte.

Douglas McGregor, Professor am MIT, stellte 1960 in seinem Buch "The Human Side of Enterprise" zwei Theorien vor: die „Theorie X" und die „Theorie Y". Theorie X geht von einem Menschenbild aus, wonach die Mitarbeiter eines Unternehmens tendenziell faul und unmotiviert sind. Sie müssen kontrolliert und belohnt respektive sanktioniert werden, je nachdem, wie ihre Leistungen sind. Entsprechend muss die Führung sein. Die Theorie Y geht dagegen davon aus, dass die Mitarbeiter leisten wollen und intrinsisch motiviert sind, das heißt, dass sie ihre Motivation aus der Arbeit selbst beziehen. Innerhalb dieser Theorie gehen wir von selbstmotivierten Mitarbeitern aus, welche ein Commitment zu ihrer Tätigkeit haben und erfolgreich sein wollen. Sie brauchen dazu eine Führung, welche sicherstellt, dass die geeigneten Rahmenbedingungen bestehen und Hindernisse beseitigt werden.

In beiden Fällen erkennt McGregor einen selbsterfüllenden Regelkreis. Ein Vorgesetzter, der seine Mitarbeiter in der einen Art und Weise wahrnimmt und entsprechend handelt, wird zuverlässig genau die Bestätigung für seine Annahmen bekommen, denn Mitarbeiter, welche nach Befehl und Kontrolle geführt werden, scheuen sich vor Eigeninitiative und Fehlern. Im Zweifelsfall handeln sie genau nach Vorschrift, ohne Eigeninitiative. Dagegen sind Mitarbeiter, welche wahrnehmen, dass ihre Initiative wertgeschätzt wird und Fehler als ganz normaler Teil des Lern- und Entwicklungsprozesses

Die angesprochene Meisterschaft des OKR-Masters bezieht sich demnach auf eine Person, die ein intensives Wissen über OKR besitzt, dieses Wissen auch verstanden hat, sprich, es auch in den Alltag integrieren und umzusetzen weiß und dabei auch über Erfahrung verfügt, um sich auf verschiedene sich ergebende Situationen einzustellen.

Ein OKR-Master hat Aufgaben in mehreren Kernbereichen. Eine kurze Darstellung seiner Aufgaben könnte wie folgt aussehen:

- **Change Agent:** Als Change Agent leitet der OKR-Master die Einführung von OKR im Unternehmen. Wo bestehende Change Management-Verantwortliche bestehen, gibt er fachlichen und methodischen Input in Hinblick auf OKR und arbeitet mit diesen Verantwortlichen zusammen.
- **Coach:** Als Coach unterstützt er die Teams in Hinblick auf die Teambildung und die Umsetzung von OKR, indem er die Werte und Prinzipien von

OKR selbst vorlebt und die Organisation und das Team in ihren Prozessen unterstützt. Dabei ist er aber immer nur prozessverantwortlich und nie ergebnisverantwortlich. Letztere Verantwortlichkeit liegt immer bei den gecoachten Personen bzw. Teams.

- **Experte:** Als Experte ist er der Know-how-Träger für OKR und dessen Weiterentwicklung. OKR entwickelt sich als Framework weiter, aber auch die Bedürfnisse der Organisation entwickeln sich weiter. Der OKR-Master bildet sich in Hinblick auf Methode und Techniken laufend weiter, um sein Team zu jeder Zeit optimal zu unterstützen. Dafür pflegt er auch den organisationsübergreifenden Kontakt zu anderen OKR-Mastern.
- **Facilitator:** Als Facilitator versteht sich der OKR als Impulsgeber, der zu jeder Zeit schaut, was sein Team und die Organisation brauchen. Er gibt entsprechende Informationen und Feedback und hält den Prozess der kontinuierlichen Entwicklung damit am Laufen.

- **Moderator:** Der OKR-Master moderiert Workshops mit den verschiedenen Beteiligten. Dabei ist es ihm ein besonderes Anliegen, dass im Rahmen dieser Workshops alle Beteiligten einbezogen werden und sich einbringen können. Wo dies basierend auf Persönlichkeit oder aus anderen Gründen schwer ist, unterstützt er die Betreffenden.
- **Vermittler:** Der OKR-Master vermittelt in Konflikten. Daneben hilft er auch dabei, in der Abwägung zwischen Autonomie und Alignment eine gute Balance zu finden.

Um diesen Aufgaben gerecht zu werden, braucht es eine besondere Persönlichkeit. Diese muss dabei nicht zwingend fachliche Kompetenz im Arbeitsbereich des Teams besitzen. Zwar kann dies in der Kommunikation hilfreich sein, kann aber auch dazu verführen, eigene Themen oder Ziele einzubringen und damit den Prozess bewusst oder unbewusst auch inhaltlich zu bestimmen. Aus diesem Grund sollte auch ein OKR-Master niemals einen Bereich oder ein Team unterstützen, dem er entweder selbst angehört oder dem gegenüber er eine

Führungsverantwortung oder Vorgesetztenfunktion hat.

Ein guter OKR-Master zeichnet sich durch ein hohes Maß an Empathie und Teamfähigkeit aus. Er geht auf Menschen zu und arbeitet in einer wertschätzenden Weise mit ihnen zusammen. Damit er dabei erfolgreich sein kann, ist es ausschlaggebend, dass er vom Team akzeptiert wird. Es empfiehlt sich in jedem Fall, das Team in die Auswahl des geeigneten OKR-Masters miteinzubeziehen.

Da in OKR alle Events als Workshops durchgeführt werden, welche von einem OKR-Master moderiert werden, ist es zeitlich gesehen eine der zentralen Aufgaben des OKR-Masters, sich um das Stattfinden und die Durchführung der Workshops zu kümmern. Seine Aufgabe ist es, im Workshop darauf zu achten, dass diese Workshops regelkonform und in einer für alle Beteiligten zielführenden und wertschätzenden Weise durchgeführt werden. Für den Inhalt oder die darin erzielten Resultate ist er allerdings nicht verantwortlich.

EVENTS IM OKR-PROZESS

Der OKR-Prozess wird durch vier Events mitbestimmt. Diese unterstützen den klassischen OKR-Zyklus in Hinblick auf Planung (OKR-Planning), regelmäßige Abstimmung (Weekly), Evaluation der Zielerreichung (Review) und Betrachtung des Prozesses und seiner Rahmenbedingungen (Retrospektive).

OKR-Planning

Das OKR-Planning stellt den Ausgangspunkt des Zyklus dar. Darin werden die Ziele definiert, welche innerhalb des Zyklus, der normalerweise drei bis vier Monate dauert, festgelegt werden. Das Event dauert üblicherweise vier Stunden; besonders für noch ungeübte Teams kann es aber sinnvoll sein, diese Dauer auch zu verlängern.

Ein typischer Ablauf eines OKR-Plannings könnte so gestaltet sein:

- Wenn noch nicht allen Anwesenden OKR bekannt ist, könnte kurz in die Methode und die Ziele des Meetings eingeführt werden. Wo Teams schon länger mit OKR arbeiten, kann dies auch wegfallen.
- Anschließend wird der Kontext dargestellt. Wie ist das Leitbild, die Midterm Goals, was wurde ggf. in Hinblick auf deren Realisierung schon erreicht? Auch Company- OKRs – auf die jene des Teams ausgerichtet sind – können hier dargestellt werden.
- In der verbleibenden Restzeit werden zunächst (etwa ⅓ der noch verfügbaren Zeit) miteinander die Objectives (und nur diese) definiert, welche auf die genannten Ziele höherer Ordnung bestmöglich eingehen.
- Erst wenn über die Objectives Einigkeit herrscht, geht man zu den Key Results. Diese werden pro Objective ermittelt und festgehalten. Für jedes

Objective geht es darum, ausreichend Key Results zu definieren, um das Objective zu erreichen. Natürlich müssen diese Key Results auch innerhalb eines Zyklus umsetzbar sein und vom ganzen Team getragen werden.

- Anschließend wird ein gemeinsames Commitment auf die vereinbarten Objectives und Key Results durch jedes Teammitglied abgegeben. Es kann auch sinnvoll sein, für die einzelnen Key Results einen Paten zu bestimmen, der als Ansprechpartner dient. Dies heißt nicht, dass der Pate auch die Umsetzung selbst durchführt, sondern nur, dass er das Key Result "koordiniert" und als Informationsdrehscheibe fungiert.
- Schließlich werden Rahmenbedingungen wie Ressourcen etc. geklärt, um sicherzustellen, dass die Umsetzung auch stattfinden kann.
- Die Resultate werden anschließend festgehalten. Dafür kann beispielsweise eine spezielle OKR-Software eingesetzt werden.

OKR-Weekly

Das Weekly ist ein kurzes Event von maximal 15 Minuten, in dem das Team gemeinsam verifiziert, wie es um die Zielerreichung steht. Was wurde erreicht, wo sind noch entsprechende Maßnahmen nötig? Als Teilnehmer sind das gesamte Team und der OKR-Master als Moderator vorgesehen.

OKR-Review

Das Review findet zum Ende des Zyklus statt. Hier werden die einzelnen Ziele besprochen und festgestellt, ob und inwieweit diese erreicht wurden, und wenn nicht, warum diese nicht erreicht wurden. Dazu wird jedes Ziel einzeln angesprochen und verifiziert. Es handelt sich hier um ein Event, welches nicht als Bewertungs-Event, sondern als eine Möglichkeit zum Lernen und Verbessern wahrgenommen werden sollte. Die Dauer eines Reviews beträgt in der Regel etwa 2 Stunden und

Teilnehmer im Review sind das gesamte Team und der OKR-Master als Moderator. Die Learnings sollten im Anschluss auch anderen Teams und der Organisation als Ganzes zur Verfügung gestellt werden, damit auch andere Teams von gemachten Erfahrungen profitieren können und Fehler oder Schwierigkeiten nicht von jedem Team wieder neu bewältigt werden müssen.

OKR-Retrospektive

Während die bisherigen Events im Zyklus sich auf die Ziele und ihre Realisierung konzentriert haben, fokussiert die Retrospektive nun den Prozess, die Rahmenbedingungen und die Zusammenarbeit. Wir fassen das Team hier systemisch auf, also als komplexes Ganzes, wo sich unzählige Faktoren gegenseitig bedingen und auslösen. Es geht hier um das Team und die darin eingebundenen Menschen. Die Retrospektive dauert in der Regel anderthalb bis zwei Stunden und die Teilnehmer sind wiederum das Team und der OKR- Master als Moderator. In Bezug auf das Format besteht die große Freiheit, verschiedenste

Ansätze vom Workshop über Coaching-Ansätze bis zu Elementen zur Selbsterfahrung einzusetzen.

OKR UMSETZEN

Die Voraussetzungen und Situationen in verschiedenen Organisationen unterscheiden sich grundlegend voneinander. So ist es natürlich nicht möglich, eine Art von Template für die Umsetzung von OKR zu liefern. Eine Implementation von OKR in einem Betrieb muss immer auf unterschiedlichen Ebenen erfolgen, um nachhaltig zu sein. Lassen Sie uns deshalb hier die verschiedenen Ebenen betrachten.

Die Unternehmenskultur

Damit OKR funktionieren kann, muss es in einer Organisation eingesetzt werden, in der eine Unternehmenskultur besteht, die das Miteinander auch über Hierarchieebenen hinweg lebt. Kommunikation und Mitgestaltung der Mitarbeiter, eine positive Fehlerkultur sowie das Leben agiler Grundwerte sind Voraussetzungen. Genauso zentral ist ein gemeinsames Commitment über alle

Hierarchieebenen hinweg zu kontinuierlicher Verbesserung nicht nur der Produkte, sondern auch der Zusammenarbeit. Wo dies nicht besteht, wird OKR eher als ein Fremdkörper und nicht als ein zielführendes Werkzeug wahrgenommen werden. An der Umsetzung dieser Werte muss täglich gearbeitet werden.

Das Framework

Die Einführung eines agilen Frameworks sollte immer selbst als agiler Prozess gestaltet werden. Big Bang-Ansätze sind im Kontext von Veränderungsprozessen nie zielführend, da diese nicht irgendwelche Standards darstellen, welche allen Organisationen in gleichem Maße übergestülpt werden können, sondern selbst (Zwischen-)Resultate einer Entwicklung von Organisation, Team, Framework und Umgebung darstellen. Die Implementierung des Frameworks sollte immer durch Fachleute begleitet werden, welche OKR nicht nur theoretisch verstehen, sondern auch Umsetzungspraxis aufweisen.

Das Team

In vielen Organisationen wird als Team eine Gruppe von Menschen verstanden, welche entweder alle dasselbe tun oder Teil einer bestimmten Organisationseinheit sind. Tatsächlich sind diese Eigenschaften noch kein hinreichendes Merkmal, um von einem Team zu sprechen. Genau hier liegt die große Herausforderung beim Einsatz eines Frameworks, für dessen Erfolg die Arbeit im Team von entscheidender Bedeutung ist. Ein Team muss sich zunächst entwickeln. Dieser Prozess kann von außen (OKR-Master) unterstützt werden, setzt aber auch Prozesse im Team selbst voraus. Insbesondere im Rahmen der Retrospektiven wird laufend an diesem Thema gearbeitet.

Change-Management

Ein Veränderungsprozess in einer Organisation findet immer auf verschiedenen Ebenen statt. Dieser Prozess wird oft vernachlässigt und die Bedürfnisse der Beteiligten werden ignoriert. Veränderungen werden auf der Chefetage angeordnet und es wird oft quasi vorausgesetzt, dass diese dann auch in geeignetem Maße stattfinden. In der Realität ist oft das Gegenteil der Fall und so jagen sich Veränderungsprozesse oft quasi im Jahrestakt durch die Firma, ohne dass sie wirkliche Erfolge oder auch nachhaltige Veränderungen bringen würden.

Jeder Veränderungsprozess in einer Organisation oder einem Bereich bedarf stets der Begleitung, wenn er erfolgreich und nachhaltig sein will. Hierbei verweise ich gerne auf die verschiedenen Ansätze von Change-Management wie beispielsweise die Schriften von Kotter oder anderer Fachleute für die Durchführung dieser Prozesse. Erfahrene OKR-Master können solche Prozesse ggf. in Zusammenarbeit mit einer Organisation leiten, sind dabei aber immer auf entsprechende Unterstützung durch die verschiedenen Unternehmensbereiche und ein klares (aktives) Commitment durch das Management angewiesen.

FALSCHE ANWENDUNGEN VON OKR

Immer wieder erlebe ich, dass OKR für Aufgaben eingesetzt wird, für welche es nicht oder kaum gedacht ist, und die entweder dazu führen, dass OKR nutzlos ist oder es sogar zu negativen Auswirkungen kommt. Lassen Sie uns auch diese Themen kurz wie einen Beipackzettel darstellen, damit sie möglichst vermieden werden können.

Das sicher wichtigste Missverständnis tritt auf, wenn OKR anders als auf Ebene von Strategien und den darauf basierenden Zielen dazu genutzt wird, Micromanagement zu betreiben oder gar Projekte zu führen. OKR kann ein wundervolles Bindeglied zwischen der strategischen Ebene und der Projektebene sein, ist aber weder ein Projektmanagement-Ansatz noch ein Tool, was für die Bestimmung und Planung des Tagesgeschäftes oder der dazu benötigten Ressourcen eingesetzt wird.

In diesem Kontext stellt man immer wieder fest, dass Führungspersonen OKR quasi als Werkzeug für das Mikro-Management einsetzen, um ihren Teams oder Mitarbeitern Aufgaben zu delegieren. Dies ist aus mehreren Gründen eine nicht zielführende Nutzung von OKR. Zum einen hat OKR auf der Ebene von Einzelaufgaben nicht sein Einsatzgebiet, sondern immer auf der Ebene von Zielen (aus denen dann selbstorganisierte Teams Maßnahmen zu deren Erreichung ableiten) und andererseits geht es bei OKR nur sehr beschränkt um einen Top-down-Ansatz. Vielmehr geht es dabei gerade darum, Teams und ihre Identifikation und Mitarbeit zu stärken und ihnen ein hohes Maß an zielgerichteter Autonomie zu geben.

Ein weiterer Themenbereich, der in diesem Zusammenhang angesprochen werden sollte, ist der falsche Einsatz von OKR, der dazu führen kann, das zentrale Erfolgselement – die intrinsische Motivation des Teams – zu untergraben oder zu zerstören. Dies geschieht beispielsweise, wenn OKRs mit Maßnahmen zur extrinsischen Motivation wie Bonussystemen und Ähnlichem gekoppelt werden. Genauso wird es auch zu negativen Folgen führen, wenn OKR als Kontrollsystem für die Erfassung und Bewertung der Arbeit von Mitarbeitern eingesetzt wird oder eben als Methode, um damit quasi die Arbeiten von Mitarbeitern direkt zu steuern. All dies führt dazu, dass die Bedeutung der Eigeninitiative, des Mitdenkens und Mitentscheidens der Mitarbeiter eingeschränkt wird, was unweigerlich dazu führt, dass die Identifikation der Mitarbeiter und das damit verbundene Comittment ebenfalls beschränkt werden.

Letztlich sollte OKR nie als eine Reparaturmethode verstanden werden, mit der bereits entstandene Fehlentwicklungen zu beheben sind. Vielmehr bedeutet der erfolgreiche Einsatz von OKR, dass parallel dazu in der Einführung und Umsetzung auch an Themen wie Unternehmenswerte, Führung, Zusammenarbeit, Team etc. gearbeitet werden sollte. OKR leistet dazu zweifellos einen Beitrag, muss aber gerade bei einem Change Management im Rahmen einer Einführung und Ausweitung auf ein Unternehmen auch moderiert werden.

Wird OKR richtig eingesetzt, kann es, wie unzählige teils auch sehr erfolgreiche und namhafte Organisationen belegen, einen wichtigen Einfluss auf den Erfolg eines Unternehmens haben. Allerding sollte die Umsetzung stets mit Unterstützung von erfahrenen Fachleuten erfolgen, welche neben theoretischem Wissen auch Praxisbezug und Umsetzungskompetenz vorweisen können. Ist dies der Fall, steht – bei entsprechender Motivation – einer erfolgreichen Umsetzung nichts mehr im Wege.

LITERATURLISTE

Bennis, Warren, and Douglas MacGregor. *The Human Side of Enterprise*. MacGraw-Hill, 1985.

Drucker, Peter F. *Managing for Results Economic Tasks and Risk-Taking Decisions*. Elsevier Science & Technology, 2016.

Drucker, Peter F. *Managing the Non-Profit Organization: Practices and Principles*. HarperBusiness, 1992.

Drucker, Peter Ferdinand. *Sinnvoll Wirtschaften: Notwendigkeit Und Kunst, Die Zukunft Zu Meistern*. Econ, 1997.

Grove, Andrew S., and Hendrik G. Nijk. *High Output Management: Praktische Adviezen Voor Het Verbeteren Van De Kwaliteit Van Het Management Op Alle Niveaus*. Veen, 1984.

LevySteven. *Google Insight Wir Google Denkt, Arbeitet Und Unser Leben Verändert*. 1.

McCarter, Beverly G., and Brian E. White.

Leadership in Chaordic Organizations. Taylor & Francis, 2013.

McGregor, Douglas. *Der Mensch Im Unternehmen = The Human Side of Enterprise*. Buchclub Ex Libris, 1974.

OKR Eine Neue Management-Wunderwaffe? = Weiter Themen Im Fokus: Projekte: Klassisch Oder Agil? ; Instrumente: Hoshin Kanri Oder Balanced Scorecard? ; Praxis: Controlling Bei "Sparwelt.". VCW, 2019.

STUART, CHARLES E. *CYNEFIN-FRAMEWORK AS A GUIDE TO AGILE LEADERSHIP: Which Project Management Method for Which Type... of Project? - Waterfall, Scrum, Kanban?* BOOKS ON DEMAND, 2020.

Simschek, Roman, and Fabian Kaiser. *OKR Die Erfolgsmethode Von Google Einfach erklärt*. UVK, 2021.

Sinek, Simon. *Start with Why: How Great Leaders Inspire Everyone to Take Action*. Portfolio Penguin, 2019.

Sinek, Simon. *Summary of Start with Why: How Great Leaders Inspire Everyone to Take Action, by Simon Sinek*. Readtrepreneur, 2017.

Wodtke, Christina, and Yumeko Futaki. *Okearu: Shirikonbareshiki De Daitan Na Mokuhyo o Tassei Suru Hoho*. Nikkeibipisha.